AF279394

Begoña Bernao Torres

APULEYO EDICIONES   FOMENTO DE VALORES   CUENTOS ILUSTRADOS

VETERINARIA SUPERSTAR

APULEYO EDICIONES   FOMENTO DE VALORES   CUENTOS ILUSTRADOS

Salí un día a recorrer las montañas que siempre divisaba a lo lejos desde mi buhardilla y tras un día de pleno disfrute en la naturaleza, cuando ya estaba pensando en acampar para pasar la noche, encontré la hoguera de unos pastores. Me invitaron a sentarme con ellos y después de una amena charla compartida con el mejor de los quesos y el más dulce de los vinos, uno de ellos, el que parecía más reservado, nos sorprendió con una fabulosa historia.

Contemplando las llamas de la hoguera, sus palabras parecían susurradas por el viento y nos contó una historia nunca contada.

—Una noche, mientras dormía bajo las estrellas, vino mi perro Jimi a acurrucarse a mi lado —dijo el pastor—. Jimi era el más fiel de todos mis compañeros, pero, tras una dura batalla con un lobo, defendiendo el rebaño, Jimi se había convertido en luz.

Desde entonces, en las noches sin luna, como esta, cuando las estrellas brillan en su máximo esplendor, él viene a visitarme y me cuenta historias del cielo y de sus dioses, de ángeles y de ángelas, de constelaciones y de lunas.

Jimi ahora vive en una estrella, allí, me dijo, regresan todos los animales tristes o heridos cuando abandonan la tierra.

Llegan asustados porque no saben dónde están. Muchos de ellos con cicatrices en el alma por el maltrato recibido por los humanos, pero allí les espera una de las almas más dulces, buenas y generosas que habitan las estrellas.

Atravesando una puerta dorada, se acercan cautelosos. Temblando, asoman el hocico y de repente escuchan un gran aplauso. Un aplauso de bienvenida por la vida que comienza. Tortugas y delfines, águilas y pingüinos, camellos y leones, perros, gatos y ratones, cualquier animal que tenga algo que curar, alguna herida que sanar, llega allí, pues la directora de esa estrella es la mejor veterinaria del universo. Los maestros ascendidos, orgullosos de ella, le habían regalado ese sitio tan especial, justo en el centro de las Pléyades, lugar donde nacen las estrellas.

Su nombre es Lucía, sana con las manos, recita antiguos versos olvidados que rescata de la memoria donde descansa todo el conocimiento ancestral. Y con su luz, Lucía recompone los cachitos del alma de los animales y les devuelve su esplendor, para que sigan su camino.

La gran mayoría, tan generosos como solo los animales lo son, se convierten en maestros luminosos que eligen regresar a la tierra para ayudar a cualquier humano que necesite amor.

El pastor nos miró como esperando algún comentario de incredulidad por parte de alguno de los que allí estábamos, pero todos estábamos fascinados por aquella maravillosa historia.

—A veces, Lucía viaja a otras estrellas montada en un dragón blanco y brillante —prosiguió relatando el pastor—, para acudir en ayuda de cualquier animal que se haya perdido. Los calma con caricias y susurros y los guía hasta su estrella, para que recuperen la alegría.

En un rincón de la Vía Láctea encontró a una tortuga, que, sollozando, le contó que se había perdido y llevaba una eternidad buscando un lugar donde poder descansar. Lucía la cogió en brazos para subirla al dragón y sintió que esa tortuga era distinta a todos los animales que antes había curado… Ella era parte de su familia.

Juntas rememoraron antiguos recuerdos, todas sus vidas disfrutadas, hablaron de todos los seres a los que habían amado y fueron conscientes de que las dos eran gotas del mismo océano… viajando entre soles y universos.

Montadas en el dragón blanco pudieron ver el nacimiento de las estrellas; fueron testigos de la estela que dejan las almas cuando regresan a casa y la alegría que les embarga cuando se encuentran con sus seres queridos. Allí, todo es consciencia y crecimiento.

Descubrieron que el amor es la energía más poderosa del universo porque nunca muere y va uniendo almas con lazos inquebrantables a través de los tiempos.

Durante la visita diaria a sus queridos compañeros, Lucía y la tortuga compartían historias y recuerdos de su paso por la tierra.

La tortuga les contaba sus viajes por océanos cálidos y cristalinos y Lucía les hablaba de las aventuras vividas con su familia..., las risas y los juegos disfrutados con su hermano, la complicidad que la unía a su tío, la calidez del abrazo y los mimos de su abuela. Los momentos compartidos con sus primos... Recordaba también a sus dos mejores amigas y a sus amigos del cole. A todos los amigos de sus padres, que formaban una tribu generosa y divertida. Pero, sobre todo, hablaba de sus papás.

Contaba, llena de emoción, el amor incondicional que compartió con ellos y que, gracias a ese amor, ella se había convertido en el ser de luz que ahora era. Decía, llena de orgullo, que volvería a escogerlos una y mil veces porque, gracias a ellos y al gran amor recibido, era capaz de sanar a todos y cada uno de los seres que a ella llegaban con alegría, compasión y ternura.

El pastor hizo una pausa y cerró los ojos. En ese momento sentimos una brisa cálida y un perfume a violetas; un sentimiento de paz nos rodeó y en el silencio de la noche comprendimos que Jimi, el perro pastor, había venido a visitarnos.

A continuación, se escucharon las maravillosas palabras dichas por Jimi a través de su mejor amigo, el pastor, que han cambiado mi manera de entender la vida.

Lucía, se ha convertido en un ser tan sabio y luminoso que el mismísimo Dios en persona, lleno de júbilo, le ha concedido el don de sanar con la palabra. Así que, Lucía, como directora imprescindible de su estrella, ha hecho un pacto con su mejor amiga, la tortuga, para que vuelva a la tierra y les dé este precioso mensaje a su familia que tanto la echan de menos… «Diles, tortuguita mía, que estas palabras son para ellos, que las escuchen, que las abracen porque son la verdad de lo que somos…».

Soy amor;
soy luz.

No soy aquello que quedó por hacer,
no soy aquello que me causó dolor.

En mí, ahora, todo es luz.
En mí, ahora, todo es amor.

Ningún error se cometió,
todos mis sueños se hicieron realidad,
Todo se cumplió...

Ahora y siempre,
soy luz, soy amor.

Mi alma es eterna,
mi espíritu brilla como una estrella.
Ilumino la oscuridad.

Soy esa voz que te habla en tu interior.
En vuestra sonrisa existo,
en vuestro corazón habito.

Soy pura luz, soy puro amor.

© Begoña Bernao Torres (de la obra)
©Apuleyo Ediciones (de esta edición)
Primera edición en Apuleyo Ediciones: octubre 2024
Diseño de cubierta: Ernesto Pérez Martínez
Corrección: Aitor Andreu Guerrero
Maquetación: Sofía Corzo González
Ilustraciones: Elviretta
Coordinación editorial: Isidoro Cidre González
info@apuleyoediciones.com
www.apuleyoediciones.com
ISBN: 978-84-1060-221-2
Depósito legal: H 200-2024

Hecho e impreso en España.

Audio cuento de
Veterinaria Superstar*

*Lo recaudado por cada visualización se dona íntegramente a la Fundación Aladina; para que ningún niño pierda su sonrisa.

VETERINARIA SUPERSTAR

APULEYO EDICIONES   FOMENTO DE VALORES   CUENTOS ILUSTRADOS

Begoña Bernao Torres

APULEYO EDICIONES   FOMENTO DE VALORES   CUENTOS ILUSTRADOS